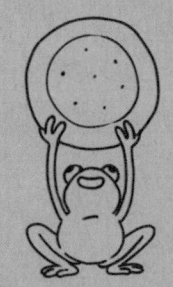

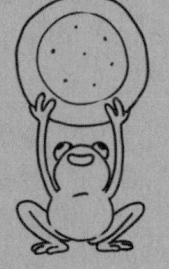
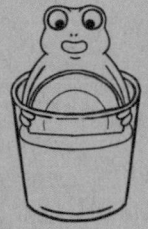

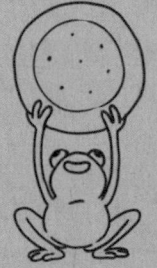
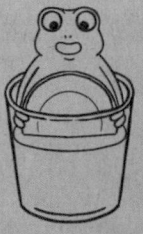

A mis padres, por ser valientes y dar ese "sí", el más grande, el que cambió nuestra historia.

A cada uno de mis hermanos, por ser milagros que me enseñan a ser hermana mayor.

A mis hijos, por escuchar mis historias como si fueran magia.

Y, sobre todo, al amor de mi vida, por acompañarme en cada una de mis locuras, gracias por creer en mí.

Soy un niño de 9 años, curioso..., me gusta preguntarlo todo, me gusta saber cómo se crean las nubes, me interesa casi cada receta que cocina mi mamá, me encanta cómo cocina, siempre le digo a papá que él tiene mucha suerte de que mamá le prepare su comida, porque es una gran cocinera y yo me quedo al comedor del colegio con unos cocineros que son regulares...

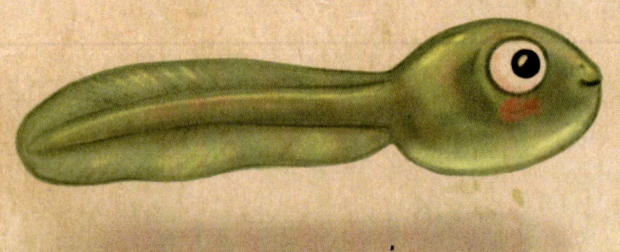

También pregunto sobre las ranas…; me encanta saber cómo evolucionan de un renacuajo hasta llegar a ser una rana, y no una rana cualquiera, a mí me gustan esas ranas de colores, las hay de muchísimo tonos y variedades. La verdad que todas me fascinan, pero es que incluso las hay venenosas.

Una vez, cuando tenía cuatro años, estando de vacaciones en unas tierras lejanas de León, en un lago, por ahí en Tabuyo, sostuve mini-ranas en mi mano. Fue alucinante. ¡Había miles! Ibas caminando y saltaban muchísimas alrededor del pie, ¡eran diminutas!

Nosotros tenemos una familia bastante grande; tengo primos, primas, hermanos, hermanas, tíos y tías, abuelos, abuelas... y hasta bisabuelos y bisabuelas. Cada uno con sus características... Siempre encuentro similitudes entre ellos, por ejemplo, en la manera de hacer, de hablar y explicar las anécdotas o la manera de cocinar. Me lo paso genial con cada uno de ellos, sobre todo, con mis tías y mi tío. Y yo sé que todos me quieren muchísimo.

Mis hermanos y yo también nos parecemos en algo, en el modo de hablar, la forma curiosa de tomar leche con galletas, incluso en la manera de andar. Tenemos rasgos parecidos, sonrisas iguales y forma de ojos parecidas.

Desde hace un tiempo, ando pensando en el tema del parecido de los hijos con sus padres. He ido viendo en mis hermanos y en mí cuánto nos parecemos a papá y a mamá, ¡o a los dos! Aunque mi hermana es la única que ha heredado los rizos de papá. ¡Menuda suerte la suya!

Esto me hizo pensar que cuando miro a mi alrededor y veo los hijos que sí se parecen a sus padres, sé que esos rasgos vienen de ellos. Pero cuando hay rasgos que no acabo de saber de dónde vienen, igual es porque son de un abuelo o una abuela que no conozco.

Después de venir de casa de la abuela, le he preguntado a mi madre...

—Mami, ¿el abuelo tenía el pelo rizado cuando era pequeño? Es que como ahora no tiene pelo... no sé cómo lo tenía...

Mamá se rio y me enseñó fotos antiguas donde salen él y la abuela, y otras fotos en las que salen mis dos tías, mi tío y mamá de joven.

–Hijo, mira, ¿qué crees? Mira cómo tenía el pelo el abuelo.

–Pues no, no lo tenía rizado. ¿Y la abuela? Entonces será ella quien lo tenía rizado, ¿no?

–Pues la abuela lo tenía un poco alborotado. Mira en esta foto, qué guapa está.

–Mami, la abuela tampoco lo tenía tan rizado...

Me quedo pensando un buen rato..., hasta que mamá interrumpe mis pensamientos.

—Marcos..., hijo, ¿qué pasa por esa cabeza tuya? A ver, cuéntame...

Miro a mi mamá y le digo:

—Mami, entonces no lo entiendo... ¿de dónde salen esos rizos tan grandes y bonitos que tiene nuestra tía? Porque tú no tienes el pelo lleno de rizos como lo tiene ella.

Mi madre sonríe, me acaricia el pelo y dice:

—Ay..., sí..., ojalá tuviera yo esos rizos, ¿verdad? Siempre me han gustado.

—Mami, entonces, ¿cómo es que la tía tiene ese pelo?

—Verás, hijo, te voy a contar una cosa muy importante.

Sabes que tú y tus hermanos habéis crecido dentro de mi vientre, ¿verdad?, pues vuestra tía creció en un vientre que no era el de la abuela. La mujer que la tuvo en su vientre no la pudo cuidar, pero los abuelos tenían tanto amor que dar que decidieron que querían tener más hijos para ayudarlos, quererlos, cuidarlos y guiarlos en esta vida; ofreciéndoles lo mejor que tenían. Así que, después de mucho esperar y después de hacer muchas reuniones, les llegó el día de conocer a su nueva hija. Una hija que ya querían mucho antes de conocerla, una hija que les convertiría en familia numerosa.

A eso se le llama adoptar. Son padres de corazón y de alma. Yo me acuerdo de cuando los abuelos nos llevaron a vuestra tía y a mí a conocerla y la vimos por primera vez, con aquel vestido de cuadros, ese pelito corto rizado y aquellas gafas... ¡Me pareció muy mona! Entonces, no teníamos ni idea de lo mucho que nos cambiaría la vida. ¡En vez de dos seríamos tres!

De repente, mi hermano se acercó. Estaba escuchando desde el salón.
Miramos a mamá con los ojos como platos.

Me fascina lo que me está contando, es
algo que no me podía haber imaginado.

—Y es por eso, hijos, que los rizos de vuestra tía no los tienen ni la abuela ni el abuelo. Lo que sí tiene vuestra tía es la manera de hacer, de contar las cosas y la generosidad de vuestros abuelos. Al igual que vuestra otra tía y vuestro tío, cada uno tiene algo que lo hace especiales. ¿Y verdad que os lo pasáis genial con cada uno de ellos? Y cada uno es diferente al otro.

Nos explicaba todo eso con una sonrisa en los labios. Se nota que quiere a sus hermanos.

—Pues qué guay que los abuelos tuvieron esa idea de adoptar. Gracias a eso de adoptar, tenemos una tía más y nos lo pasamos muy bien con ella.

Mamá suelta una carcajada al aire.

—Os voy a desvelar un secreto, chicos... A mí también me encanta que hayan elegido esa opción. Además, no nos han regalado uno, ¡sino dos!

—Mami, a qué te refieres, no te entendemos, ¿dos de qué?

—Que vuestro tío también es adoptado. Cada una de vuestras tías y vuestro tío son un regalo, del primero al último.

—Qué suerte la nuestra, mami. Cuando veamos a los abuelos, les daremos las gracias.

Al siguiente día vimos a los abuelos, los abracé fuerte y les dije:

—Gracias, abuelos, por ser valientes, ¡y por regalarme a todos mis tíos!

Noté que la abuela y mami se miraron y sonrieron a la vez.

© MCarmen Fernández Aliaga (de la obra)
©Apuleyo Ediciones (de esta edición)
Primera edición en Apuleyo Ediciones: enero 2024
Diseño de cubierta: Sofía Corzo González
Corrección: Aitor Andreu Guerrero
Maquetación: Alejandro Bermejo Cercas
Ilustraciones: Isabel Fuente
Coordinación editorial: Isidoro Cidre González
info@apuleyoediciones.com
www.apuleyoediciones.com
ISBN: 978-84-10068-45-2
Depósito legal: H 556-2023

Hecho e impreso en España.

Los rizos de mi tía

APULEYO EDICIONES   FOMENTO DE VALORES   CUENTOS ILUSTRADOS

MCarmen Fernández Aliaga

APULEYO EDICIONES   FOMENTO DE VALORES   CUENTOS ILUSTRADOS